NOTICE BIOGRAPHIQUE

SUR

M. MOREAU DE SAINT-MÉRY,

Lue à la séance publique de la Société royale d'agriculture, le 18 avril 1819;

PAR M. SILVESTRE,
Secrétaire perpétuel de la Société.

MESSIEURS,

Il est toujours l'heure de faire le bien : telle était la devise de *Moreau de St.-Méry;* il avait fait graver cette pensée sur ses montres, afin de la porter toujours avec lui. Mais sa vie toute entière a prouvé qu'il n'avait pas besoin de ce moyen de la rendre sans cesse présente à son souvenir; cette maxime était empreinte dans son cœur plus solidement encore que sur le métal qui la lui retraçait.

Médéric-Louis-Élie Moreau de St.-Méry est né au Fort-Royal de la Martinique, le 13 janvier 1750. Sa famille, originaire du Poitou, occupait les premières places dans la magistrature de la Colonie. Dès l'âge de trois ans, *Moreau* perdit son père et sa fortune; son éducation fut négligée; sa mère, dominée par une tendresse excessive pour lui, ne put consentir à s'en séparer ; elle lui inspira des vertus, mais elle ne sut pas exercer son esprit à la culture des sciences et des lettres. A dix-neuf ans, *Moreau* ne savait pas encore le latin. Destiné à remplir la place de sénéchal de la Martinique, qu'avait occupée son grand-père, il sentit le besoin impérieux d'acquérir des connaissances, et se décida à venir en France pour faire son éducation.

Mais son éducation, Messieurs, sous des rapports bien essentiels, elle était déjà fort avancée ; le naturel heureux de *Moreau de St.-Méry*, ou les sages conseils de cette mère si tendre qui avait voulu le conserver toujours à ses côtés, avaient fait de lui un honnête homme et l'avaient déjà rendu incapable de céder à des séductions que la délicatesse la plus scrupuleuse n'aurait pas avouées. Dès l'âge de seize ans, *Moreau de St-.Méry*, animé par les sentimens les plus tendres, exhortait son grand-père à ses derniers momens. Le vieillard lui déclara avoir mis de côté 66,000 francs qui étaient destinés à son instruction, et lui indiqua le lieu où cette somme était cachée ; mais à peine *Moreau* eut-il rendu les derniers devoirs à son généreux bienfaiteur, qu'il découvrit ce trésor à la famille assemblée, et refusa de profiter seul d'un bien qui devait appartenir à tous les héritiers.

A son arrivée à Paris, *Moreau de St.-Méry* étudia le latin, les mathématiques, les sciences physiques et naturelles ; il suivit les écoles de droit, les exercices de tout genre, même le service militaire, qu'il avait pris momentanément dans les gendarmes de la garde du Roi. Il était avide d'instruction, et comme il voulait tout savoir, il lui fallait tout apprendre, ce qui n'était pas une petite entreprise, à l'époque même où *Moreau* cherchait ainsi à réparer le temps perdu. Il aimait aussi les plaisirs, et ce goût, déjà si vif à cet âge chez les Créoles, était encore augmenté en lui par la bonté de sa constitution et par son extrême sensibilité. Pour concilier ses plaisirs avec ses travaux, il avait essayé de ne se coucher que de trois nuits l'une; la force de son tempérament lui permit de suivre pendant assez long-temps ce régime extraordinaire ; mais une maladie inflammatoire vint le forcer à le discontinuer et à user désormais plus modérément de la vie.

Cependant il avait si bien profité de son temps, qu'au bout de quatorze mois d'études il put soutenir en latin sa thèse de bachelier en droit; il s'exprimait en cette langue avec facilité ; il avait retenu un grand nombre de passages des poëtes et des orateurs anciens, et citait avec aisance les principaux axiomes du Droit romain dans la langue originale.

Lorsqu'il eut été reçu avocat au Parlement de Paris, *Moreau* voulut retourner à la Martinique : il y trouva de bien faibles débris de l'ancienne existence de sa famille; mais il apportait de grands talens, et c'est le meilleur des moyens de rétablir une fortune délabrée. Il passa au Cap-Français, et s'y livra à la profession d'avocat plaidant. Ses premiers plaidoyers firent une telle sensation, sa conduite probe, ferme et désintéressée, lui acquit une telle considération, que bientôt il prit rang parmi les orateurs les plus recommandables et les plus employés, et qu'il rétablit complétement ses affaires. Il fut, au bout de sept à huit ans, nommé par le Roi membre du Conseil supérieur du Cap, à Saint-Domingue.

Moreau de St.-Méry, par l'habitude qu'il avait contractée de donner peu d'heures au sommeil, et d'employer avec ordre et sagacité tous ses momens, avait plus de temps à lui que la plupart des hommes qui n'ont pas si bien appris à en apprécier la valeur. L'extrême facilité avec laquelle il travaillait doublait encore ses moyens, en sorte qu'il pouvait suffire aux travaux dont ses fonctions le rendaient responsable, et à ceux que ses inclinations lui commandaient. Son goût, le plus ardent de tous, était celui d'être utile à son pays et d'accroître ses connaissances. Ce goût lui inspira le projet de recueillir de très-nombreux matériaux sur les lois, les mœurs, les usages et les productions naturelles et industrielles de Saint-Domingue et des autres Antilles. Il fut aidé, dans cette recherche, par le Gouvernement français, qui lui ouvrit tous les dépôts, les greffes et les archives des colonies.

Il fit, dans cette intention, des voyages multipliés dans les parties espagnole et française de l'île dont la découverte a immortalisé *Christophe Colomb*, et dans ses excursions, il retrouva la tombe de cet homme illustre dont la sépulture, déjà méconnue, était un objet d'incertitude et de discussion entre l'Europe et l'Amérique. Des villes grecques, jadis, se disputèrent l'avantage d'avoir donné naissance au poëte le plus illustre; de nos jours, deux continens s'honoraient de posséder la dépouille mortelle du navigateur le plus célèbre. Nulle part on ne pouvait fixer le lieu précis de sa sépulture. *Moreau* leva tous les doutes, et la tombe de *Colomb* est maintenant bien reconnue à la cathédrale de Santo-Domingo, jusqu'à ce que l'espace de quelques années vienne replonger dans un nouvel oubli, et les documens qui ont constaté les résultats de ces recherches, et les hommes qui se sont occupés à les réunir.

Moreau publia successivement les Lois et les Constitutions des colonies françaises de l'Amérique sous le vent, en 6 volumes in-4°.; une Description de la partie espagnole de Saint-Domingue, en 2 volumes in-8°., et la Description de la partie française de la même île, en 2 volumes in-4°. Ces ouvrages, qui renferment des notions très-étendues sur l'agriculture, l'industrie, le commerce, l'histoire physique et naturelle, les usages anciens et modernes de la colonie, et en présentent un tableau complet et fidèle, ont été traduits dans plusieurs langues.

Moreau avait été appelé à Paris pour y terminer ces travaux importans qui avaient excité l'intérêt particulier de Louis XVI. Sa réputation, son mérite, son amabilité, le mirent à même de se lier dans cette capitale avec tous les hommes les plus élevés, soit par leurs dignités, soit par leurs talens.

Il s'y occupa principalement de sciences et de littérature; il y fut affilié à toutes les Sociétés littéraires et savantes. Il contribua notamment à fonder le Musée de Paris, de concert avec l'infortuné *Pilâtre de Rozier*; il fut secrétaire de cette association d'amis des lettres, et les premières séances furent fréquemment embellies par les discours qu'il y prononça. La figure de *Moreau* était noble et belle; son style était remarquable par l'élégance de l'expression, la finesse des aperçus, la grâce des tournures et l'adresse des transitions. Les femmes sur-tout applaudissaient à la délicatesse et au charme de ses tableaux. *Moreau* qui, dès ses premières années, avait trouvé près de sa mère une tendresse excessive, a souvent rencontré chez les femmes cette disposition aux sentimens d'intérêt et d'attachement qui a embelli quelques momens de sa vie, mais qui ne s'est jamais développée avec plus de force, et ne lui a procuré plus de bonheur, que chez la femme respectable qui était liée à son sort, et qui, après avoir rempli pendant près de quarante ans les devoirs d'épouse et de mère, semble aujourd'hui ne survivre à *Moreau* que pour donner plus de larmes à sa mémoire.

Au commencement de la révolution, *Moreau de St.-Méry*, nommé électeur pour la ville de Paris, présida l'assemblée, au mois de juillet 1789; il la présida dans les journées mémorables où ces électeurs réunis spontanément et sans mission se trouvèrent fortuitement investis de toute la puissance administrative. C'était à cette assemblée que Paris et les provinces semblaient prodiguer à l'envi des témoiguages d'obéissance et des hommages ; c'était à elle que tous les corps, toutes les administrations, toutes les professions, tous les particuliers adressaient leurs requêtes ou leurs félicitations ; c'était à elle que l'Assemblée constituante envoyait de Versailles des députations de cent de ses membres ; enfin, c'était dans son sein que le Roi lui-même venait à Paris donner de nouveaux gages de son amour pour la France. Pouvoir vraiment colossal, par son étendue comme par sa durée, et qui pourtant s'évanouissait comme une ombre légère, lorsqu'une poignée de factieux suivie de la foule égarée venait arracher dans le lieu même de ces réunions, des victimes qu'ils dévouaient à l'instant à une mort horrible, malgré la résistance de l'assemblée, et malgré les efforts multipliés de ses chefs alors les plus aimés.

Depuis le 12 jusqu'au 30 juillet, *Moreau* resta presque toujours président de l'assemblée électorale. Il passa, sans désemparer, les trois plus tumultueuses de ces longues journées. Dans une seule nuit, il a écrit, dicté ou signé plus de trois mille ordres. Il dirigeait des délibérations qui avaient alors pour objet les destinées de la capitale et celles de la France entière, dans une salle sous laquelle cinq milliers des poudres de la Bastille avaient été déposés ; et ces poudres se distribuaient à la clarté des flambeaux au peuple exalté, qui tirait quelquefois des coups d'armes à feu, et qui menaçait de défoncer les tonneaux pour hâter cette périlleuse répartition. *Moreau*, avec une présence d'esprit imperturbable, recevait les nombreuses députations, les pétitionnaires audacieux, les agens multipliés; il répondait aux harangues, prononçait sur les rapports, jugeait les propositions, prescrivait les mesures avec une fermeté calme qui ne le quittait pas. Au milieu de ce tumulte et de cette confusion, sa figure n'était pas altérée; *Moreau de St.-Mery* présentait l'image de cet homme juste et inébranlable d'*Horace*, et l'on pouvait, en le voyant, dire de lui :

Si fractus illabatur orbis,
Impavidum ferient ruinæ.

L'assemblée électorale se sépara le 30 juillet; réunie dans cette dernière séance avec les représentans de la commune qui devaient lui succéder dans l'administration de Paris, elle vota des remercîmens à *Moreau de St.-Méry*, et décida unanimement qu'une médaille serait frappée en son honneur. Un buste en marbre avait été voté dans la même séance à la gloire de *Bailly*, et peu s'en fallut que plus tard ces deux hommes, qui étaient alors ensemble l'objet révéré de la reconnaissance nationale, ne devinssent tous deux victimes de cette faveur populaire. Le buste de *Bailly*, la médaille de *Moreau de St.-Méry*, étaient votés au nom de la patrie reconnaissante ; ce fut au nom de cette même patrie que, bientôt après, *Bailly* fut traîné outrageusement à l'échafaud par une multitude furieuse; et *Moreau*, poursuivi par des assassins, échappa avec peine aux poignards et aux ordres légaux non moins cruels alors, et qui le menaçaient d'un sort pareil.

Moreau de St.-Méry avait été élu député des Colonies à l'assemblée constituante; il les avait défendues de tout son pouvoir, et personne n'était plus que lui capable de faire apprécier leur importance pour elles-mêmes et pour la métropole, ni d'indiquer les moyens d'accroître leur prospérité et les justes espérances qu'il était possible de concevoir sur leurs destinées futures, si des causes qu'il n'est pas nécessaire de rappeler ici, n'avaient plus tard englouti leurs richesses et ruiné ou détruit leurs industrieux habitans. *Moreau* fut appelé à faire partie du Conseil du ministère de la justice ; mais il devint en butte au parti dominant alors. Attaqué par une troupe de forcenés, il fut blessé dangereusement ; il quitta Paris avec sa famille, le 8 août 1792, et se retira à Forges où était déjà le duc *de La Rochefoucauld*, ils y furent arrêtés ensemble. *Moreau* dut sa liberté à l'un des hommes chargés de le prendre, et auquel il avait jadis rendu un service important. Il s'enfuit au Hâvre; mais poursuivi de nouveau par les agens de *Robespierre*, il trouva moyen de partir pour l'Amérique, et s'éloigna en gémissant sur les malheurs de son pays.

La révolution avait déjà pénétré dans les Colonies, *Moreau* y aurait été mal accueilli ; il se rendit aux États-Unis. Privé de sa fortune et de tout moyen d'existence, fort de son seul courage et de l'amour de sa femme et de deux enfans qu'il avait amenés avec lui, il entra commis chez un marchand de New-Yorck, et là, cet homme, naguères si puissant et si considéré, ne redoutant ni les travaux manuels les plus grossiers, ni les traitemens inhumains de l'homme insensible qu'il servait, ne voyait que sa famille, et aucune peine ne lui coûtait pour parvenir à satisfaire aux besoins urgens qu'elle éprouvait. Plus tard, il se procura quelques ressources, et se rendit à Philadelphie, où il établit un magasin de librairie et une imprimerie. Ce fut dans cette retraite qu'il termina ses deux ouvrages sur Saint-Domingue ; les matériaux de ces écrits remarquables ne l'avaient jamais quitté, et lorsque, dévoué à la mort, en 1793, il attendait à chaque instant cette récompense des services qu'il avait rendus à la chose publique, il se pressait de mettre la dernière main à ses ouvrages, afin, disait-il, de laisser au moins après lui un monument utile à son pays.

Avec ses talens et son activité, *Moreau* ne pouvait manquer de tirer un parti avantageux de sa nouvelle situation, et bientôt sa famille fut à l'abri du besoin. Il imprima en peu de temps les livres dont il avait apporté les manuscrits avec lui; il traduisit et imprima aussi en 2 volumes in-4°., d'après le journal de *Van-Braam*, la relation du voyage de l'ambassade que la Compagnie des Indes Hollandaise avait envoyée à l'empereur de la Chine, en 1794. Il rédigea et publia un abrégé des sciences et des arts à l'usage de la jeunesse; cet ouvrage, imité de celui que *Formey* avait écrit, douze ans plus tôt, sur le même sujet, fut de beaucoup supérieur à son modèle, et pourrait seul attester l'étendue et la variété des connaissances que *Moreau de St.-Méry* avait acquises. Il fut bientôt traduit en anglais et répandu dans les divers colléges des États-Unis, où il fut adopté pour l'enseignement des jeunes étudians; mais le progrès rapide des sciences et des arts exigerait qu'un ouvrage de cette nature fût remanié tous les dix ans, et qu'il se trouvât toujours des *Formey* ou des *Moreau* assez amis de la jeunesse pour s'occuper d'un semblable travail.

Enfin, *Moreau* publia aussi à Philadelphie un petit ouvrage, élégamment écrit, sur la danse considérée chez tous les peuples et principalement chez les créoles des Antilles, chez les nègres et chez les sauvages. Il a cherché l'origine et le rapport des différens genres de danse dans les divers pays et à diverses époques. Cet écrit est extrait d'un *Dictionnaire Colonial*, travail immense pour lequel il a laissé de volumineux manuscrits.

Après cinq ans de séjour en Amérique, *Moreau* revint à Paris, il n'y était plus proscrit. L'amiral *Brueis*, son ami, alors Ministre de la marine, le nomma historiographe de ce département, et le chargea de la rédaction d'un code colonial. Lors de l'établissement du consulat, il fut nommé conseiller d'État. Ce fut à cette époque qu'il publia la traduction qu'il avait faite de l'*Histoire naturelle des quadrupèdes du Paraguay*, sur le manuscrit espagnol de Don *Félix d'Azara*. Cet ouvrage, qui mérita les suffrages de l'Institut, est enrichi de beaucoup de notes instructives que le traducteur avait ajoutées. Il publia aussi divers mémoires sur les chevaux et sur les mulets, considérés sous leur rapport avec les manufactures coloniales, sur la patate comme fourrage, sur les serrures en bois dont on se sert aux Antilles, sur le cotonsoie, sur la fabrication du vin d'orange, sur le lessivage du linge dans les Colonies, sur la culture de la canne à sucre d'Otaïti. La collection des instructions vétérinaires contient aussi divers mémoires de lui sur les taureaux et sur la fécondité de quelques mules dans les pays chauds. Il a publié un mémoire sur le royaume d'Owère en Afrique, des éloges qu'il avait faits des fondateurs des hospices au Cap-Français, et de *Pilâtre de Rozier ;* enfin une foule d'autres mémoires d'administration, de finances et de législation.

Moreau fut, en 1801, nommé résident près le duc de Parme; il existait entre la France et l'Espagne un traité dont un des articles secrets avait pour objet l'échange du Duché de Parme et de Plaisance contre la Toscane, qui appartenait alors à la France. *Moreau de St.-Méry* fut chargé de notifier cette disposition au duc de Parme, et de passer avec lui à Florence comme ministre plénipotentiaire. Le duc régnant refusa de consentir à cet arrangement; son fils, qui était à Madrid, fut envoyé en Toscane à sa place; et *Moreau*, resté à Parme auprès du duc, dans une circonstance si délicate, sut se concilier son entière confiance, sans nuire aux intérêts qui lui avaient été recommandés. Il fit respecter l'autorité du prince que les troupes qui inondaient l'Italie et le voisinage de la République Cisalpine rendaient souvent précaire; il délivra le pays des passages militaires dont la fréquence le ruinait, et le garantit des empiétemens de territoire, et sur-tout des intrigans qui voulaient abuser d'une influence toute-puissante pour le troubler. Pendant dix-huit mois que le duc de Parme survécut à cet échange arrêté par deux grandes puissances, le secret resta entre le prince, son ministre et le résident français, qui maintenait tout par la seule influence du pouvoir qu'il représentait. Si *Moreau* faisait aimer ce pouvoir au duc et à ses ministres, s'il le faisait respecter aux subordonnés et redouter aux malveillans, il le faisait estimer de tout le monde. On avait surpris à un général français l'ordre que tous les biens des chevaliers de Malte fussent immédiatement vendus, et déjà une compagnie qui avait sollicité cette mesure, était prête à en profiter. *Moreau* s'y opposa; il écrivit à son Gouvernement, obtint la révocation de cet ordre; et tandis que les titulaires voulaient lui offrir le témoignage de leur vive reconnaissance, il s'en étonna, et leur dit *qu'il ne leur avait pas fait grâce, mais qu'il leur avait fait rendre justice, et qu'il ne la faisait pas payer.*

A la mort du duc de Parme, que ses qualités personnelles rendaient digne d'un meilleur sort,

Moreau fut investi de tous les pouvoirs, sous le titre d'administrateur-général; il prit possession, au nom de la France, des États de Parme, Plaisance et Guastalla, et pendant son gouvernement, il ne démentit point le caractère généreux, ferme et désintéressé qu'il avait développé pendant sa résidence. Il regardait comme un des principaux devoirs de ses fonctions de faire estimer le Gouvernement qu'il représentait; sa première occupation fut donc de faire traiter avec la dignité convenable la princesse infortunée qui survivait à son époux. Ses égards, la délicatesse de ses procédés, ses efforts pour rendre le sort de la duchesse de Parme moins pénible, furent appréciés par elle; il en reçut des lettres de reconnaissance et de profonde estime, comme il en avait précédemment reçu plusieurs fois du feu duc, son époux; et ces témoignages, non équivoques dans cette circonstance, rendus à la conduite de *Moreau*, ne sont pas les titres qui établissent le moins avantageusement toute la noblesse de son caractère.

Moreau avait reçu des pouvoirs à-peu-près illimités, il donna tous ses soins à en tirer le meilleur parti pour le bonheur du pays qu'il administrait; il chercha à encourager l'agriculture et le commerce; il favorisa spécialement les établissemens de bienfaisance et d'instruction publique. Il introduisit avec empressement, dans les dispositions administratives et judiciaires, toutes les mesures favorables dont les lois françaises, qu'il était chargé de faire adopter dans ces contrées, permettaient de les faire jouir. Il savait que les renseignemens statistiques exacts sont les seules bases sur lesquelles on puisse travailler avec efficacité à l'amélioration d'un pays quelconque; et ces renseignemens, il les recueillait avec zèle et les appréciait avec sagacité; il s'occupait avec une constante assiduité à organiser l'administration des États de Parme sur le même plan que celui qui était suivi en France, et à rendre tout français ce pays qui venait d'être réuni. Mais la guerre qui éclata entre l'Autriche et la France vint accroître, outre mesure, ses occupations paisibles, et suspendre ses opérations. Il fut obligé de tout sacrifier pour approvisionner notre armée d'Italie, qui manquait alors de beaucoup de choses nécessaires. Forcé d'emprunter pour remplir les vues du Gouvernement, il ne trouva de crédit qu'en consentant à se rendre personnellement responsable de la dette; pouvoir suprême de la probité, ce mobile puissant et immanquable de crédit! *Moreau*, dénué de capitaux, vivant du seul produit de son traitement, trouva, sur sa parole, des fonds qui étaient refusés au Gouvernement, alors tout-puissant, dont il attendait lui-même son propre salaire et tous ses moyens. L'honorable confiance des prêteurs ne fut pas trompée; *Moreau* ayant obtenu des fonds, s'empressa de faire face à tous les engagemens qu'il avait contractés; mais cette liquidation épuisa ses moyens, et il ne put satisfaire le dernier créancier qu'il avait inscrit. Ce dernier créancier, c'était lui-même; il lui était dû 40,000 francs pour ses appointemens arriérés, il ne put les recouvrer alors, et depuis il en a vainement sollicité le remboursement.

Cependant l'agitation de ce pays était un peu calmée; mais une levée de milices, demandée dans les États de Parme, et qui devait être réunie à l'armée d'Italie, excita des troubles cruels dans ces provinces. Quelques miliciens ne voulurent point marcher, et se révoltèrent; des troupes envoyées apaisèrent promptement cette insurrection, mais la suite de sa répression attira des malheurs qu'il n'entre pas dans mon sujet de retracer, et auxquels *Moreau* voulut en vain mettre obstacle. Un gouverneur général militaire, investi de tous les pouvoirs, envoyé à Parme, en 1806, rendait la présence de *Moreau* inutile et ses efforts infructueux. Il fut rappelé à Paris, disgracié, sans fortune, et sans pouvoir se faire rembourser, ni pensionner; il vendit une partie de ses effets pour exister, jusqu'à ce qu'enfin il obtint, en 1812, une modique retraite qu'il a conservée jusqu'à la fin de sa vie.

Il n'avait emporté de Parme avec lui que les témoignages d'estime et d'affection que ses anciens administrés s'étaient empressés de lui prodiguer. Aujourd'hui, treize ans se sont écoulés sans que le souvenir touchant de l'administration de *Moreau* ait cessé d'être présent à ceux qui on vécu sous son gouvernement.

Revenu à Paris dans un état voisin de l'indigence, il y retrouva tous ses amis que sa haute fortune ne lui avait jamais fait méconnaître, et il se livra au milieu d'eux aux douces occupations de la culture des sciences et des lettres, les plus propres, sans doute, avec l'exercice de la bienfaisance, à faire oublier les grandeurs, et à faire supporter l'infortune.

Les Sociétés littéraires et savantes, les Sociétés philanthropique et philotechnique, celles d'Agriculture et d'Encouragement pour l'industrie nationale, furent sur-tout fréquentées par lui avec une assiduité particulière, et la rédaction des mémoires et rapports qu'il faisait pour ces

Sociétés, employait son existence qu'il avait vouée à l'utilité publique et à l'amitié.

Sa conversation animée et instructive faisait fréquemment le charme de ces réunions. Sa grande présence d'esprit lui fournissait souvent aussi des traits remarquables, l'expression de pensées profondes, et des reparties fines, heureuses, ou piquantes. Lorsqu'il fut appelé à recevoir des reproches du chef du Gouvernement français sur la modération qu'il avait mise dans son administration des États de Parme : « Je ne » vous demande pas, lui dit-il, de récompenser » ma probité, je demande seulement qu'elle » soit tolérée : ne craignez rien, ma maladie » n'est pas contagieuse. »

Moreau disait que la reconnaissance est une fleur des tombeaux ; il disait aussi que la calomnie est une monnaie que tout le monde sait battre, et que peu de personnes refusent.

Il aimait à rappeler les actions de sa vie qui satisfaisaient le plus sa conscience, celles dans lesquelles il avait déployé le plus de fermeté, et qui avaient présenté le plus de difficultés à vaincre. Il parlait souvent des électeurs de 1789. Un jour qu'il exposait, avec quelque chaleur, devant un homme alors élevé en dignité, les dangers qui l'avaient environné et le courage énergique avec lequel il en avait triomphé ; celui-ci repartit avec quelque impatience : *A quoi vous aurait servi votre courage dans des circonstances postérieures et qui ont été beaucoup plus difficiles ? Il m'aurait servi*, répondit vivement Moreau, *si j'avais été à votre place, à sauver Louis XVI, ou bien à mourir en le défendant.*

Une noble fierté sied bien à l'honnête homme, et la conservation de ce sentiment, sa propagation même, sont très-utiles à la société : il faut donc louer beaucoup ceux qui en donnent l'exemple, car l'estime des gens de bien est le seul bénéfice qu'on puisse attendre de cette qualité, avantage hautement appréciable néanmoins, et dont il est loin de moi de vouloir diminuer la valeur ; mais *Moreau* avec son talent, son esprit, ses services, sa bonne réputation, étoit resté pendant six ans sans traitement et sans secours du Gouvernement. Il avait vendu son argenterie, il vendit une portion de ses livres, il puisa aussi quelques moyens dans la bourse de ses vrais amis. Il avait ainsi contracté des dettes, et ces dettes pesaient sur son cœur et faisaient son tourment. La modique pension qu'il obtint enfin suffisait à peine pour le faire exister avec sa famille. Lors de la rentrée du Roi, en 1814, SA MAJESTÉ daigna venir au secours de *Moreau*, et lui donna sur sa cassette

15,000 fr., avec lesquels il solda toutes ses créances; il était transporté de joie, il bénissait le Monarque, et parlait de sa reconnaissance envers lui à tout le monde. Il rencontra un de ses amis : *Savez-vous*, lui dit-il, *que le Roi vous a accordé mille écus? Comment cela?* dit l'autre, étonné. *Sans doute, il me les a donnés, je vous les devais, c'est comme s'il vous les avait destinés : les voici.*

Moreau a trop peu joui de ce bonheur. Sa santé était altérée par les longues fatigues qu'il avait éprouvées. Depuis long temps il était tourmenté de la goutte dans l'abdomen, il avait éprouvé une légère attaque d'apoplexie, et il avait une maladie de vessie habituelle; néanmoins il supportait encore ces indispositions; mais *Moreau de St.-Méry* devait mourir comme il avait vécu, comme il avait voulu vivre; chacune de ses heures devait être employée à faire le bien. Au mois de janvier dernier, il fut appelé auprès d'une de ses parentes qu'il aimait beaucoup, et qui était prête à périr d'une maladie longue et cruelle; il se rendit chez elle; entraîné par l'intérêt d'une situation si déplorable, et ne pouvant un seul instant abandonner la malade, il voulut maîtriser trop long-temps des souffrances aiguës qu'il éprouvait. Ce fut en vain ensuite que, rentré chez lui, on voulut rappeler ses forces et arrêter les progrès de l'inflammation; il était attaqué mortellement, et trente-six heures après ce dernier acte de sa bienfaisance et de son humanité, *Moreau* n'existait plus.

Il laisse des manuscrits nombreux et importans sur la législation, l'histoire et la description de toutes nos colonies anciennes; les matériaux d'un Dictionnaire colonial très-étendu; une description de la Jamaïque traduite de l'anglais de *William Beekford;* une histoire de *Porto-Ricco* traduite de l'espagnol et enrichie de ses notes; des observations sur le climat, l'histoire naturelle, les mœurs et le commerce des États-Unis d'Amérique; des matériaux pour un Traité général des cultures coloniales dont il s'est long-temps occupé, et dont il avait publié quelques mémoires détachés; enfin, un ouvrage très-considérable est terminé sur les États de Parme, Plaisance et Guastalla. Cet ouvrage contient sur l'histoire, la description et les mœurs de cette partie de l'Italie, des détails curieux, et dont plusieurs morceaux déjà communiqués aux diverses Sociétés savantes dont *Moreau de St.-Méry* était membre, sont de nature à faire désirer la publication.

Ainsi, Messieurs, nous ne connaissons pas encore toute l'étendue des services que *Moreau de St.-Méry* a rendus; des manuscrits, dépositaires de ses sages observations, de ses utiles projets, sont encore inédits et promettent, lors de leur publication, de donner un nouvel accroissement à la vénération que vous aviez conçue pour sa personne, et aux détails que cette faible notice vient de vous retracer. L'estimable fils de *Moreau* possède ces manuscrits, et sa plus chère envie est de donner, par leur publication, à la mémoire de son père: un titre de plus à la considération publique; nul n'est plus en état de remplir ce devoir sacré; seul confident, seul aide de son père dans ses missions les plus difficiles, il a connu toutes ses pensées, il a été témoin des faits retracés dans ses écrits; il n'a jamais quitté ce père si tendre et si digne d'être imité; et il nous rendra, sans doute, *Moreau de St.-Méry* tout entier, soit en exerçant lui-même les vertus publiques et privées de notre estimable confrère, soit en publiant les écrits qu'il a laissés, soit en continuant les utiles travaux qu'il avait commencés.

Imprimerie de Madame HUZARD (née VALLAT LA CHAPELLE),
Mai 1819.

www.ingramcontent.com/pod-product-compliance
Ingram Content Group UK Ltd.
Pitfield, Milton Keynes, MK11 3LW, UK
UKHW020450220726
13923UKWH00005B/2462

9 782019 643669